COMPTE-RENDU ET PROCÈS-VERBAUX

DES

ÉTATS LIBRES

DU DAUPHINÉ

TROISIÈME SESSION

TENUE A VOIRON

les 4 et 5 Mars 1893

VOIRON

AUGUSTE MOLLARET, IMPRIMEUR

—

1893

ÉTATS LIBRES DU DAUPHINÉ

TROISIÈME SESSION

COMPTE-RENDU ET PROCÈS-VERBAUX

DES

ÉTATS LIBRES

DU DAUPHINÉ

TROISIÈME SESSION

TENUE A VOIRON

les 4 et 5 Mars 1893

VOIRON

AUGUSTE MOLLARET, IMPRIMEUR

—

1893

AVANT-PROPOS

I

« Que sont au juste les Etats libres du Dauphiné ? » Telle est la question que plusieurs semaines après la session, se posent encore paraît-il, beaucoup de personnes qui n'y ont pas pris part.

Le modeste compte-rendu que nous publions aujourd'hui, leur apporte la réponse. S'ils veulent bien le parcourir, ils ne tarderont pas à être fixés sur les intentions des promoteurs des Etats libres, sur le but qu'ils poursuivent, sur les moyens qu'ils comptent mettre en œuvre pour l'atteindre.

Cette réponse d'ailleurs, ils auraient pu la trouver déjà dans les divers documents publiés dans les journaux de la région pendant la préparation de l'Assemblée, et dans les comptes-rendus des assemblées tenues à Romans en 1888 et 1891.

En prenant la peine de les comparer avec le compte-rendu de l'Assemblée de Voiron, ils pourront s'assurer que le programme des Etats libres, s'il a subi quelques légères modifications de détail, n'a pas varié dans son ensemble, que la politique de parti en a toujours été sévèrement bannie, que le caractère social de l'œuvre a toujours été nettement affirmé.

—o—

Aussi bien, n'est-ce pas un but essentiellement social que poursuit l'œuvre des Etats libres, en recherchant la meilleure organisation de la Société? Et l'Assemblée de Voiron s'est-elle écartée du but en déclara

1º Que la meilleure organisation de la Société est l'organisation professionnelle sous la forme syndicale ;

2° Que la représentation des droits et des intérêts professionnels n'est pas à chercher ailleurs que dans l'organisation syndicale ;

3° Que tous les candidats du suffrage universel doivent s'engager à consulter les associations syndicales.

Les promoteurs des Etats libres n'ont pas d'ailleurs la prétention d'avoir rien découvert ni de se prévaloir d'un brevet d'invention pour les déclarations qui précèdent.

Ils savent que ces idées ont été depuis longtemps émises.

Ils se rappellent notamment avoir lu dans le remarquable rapport présenté au nom de la Commission chargée de l'enquête parlementaire sur les conditions du travail en France, par M. Ducarre, député républicain du Rhône, les lignes suivantes : « Nous avons rencontré partout une tendance à revenir à l'ancien régime des corporations, corps de métiers, maîtrises ou jurandes, qui a été longtemps celui du travail en France.

Ce n'est pas sans surprise que nous avons retrouvé le vague et inconscient souvenir d'un passé vers lequel on revient tout en croyant marcher en avant. »

Ils se rappellent avoir retrouvé la même idée dans un savant et intéressant travail sur Etienne Boyleau, préparé pour l'Académie delphinale par un magistrat éminent de la Cour de Grenoble. M. Paul Golléty écrivait en 1881, dans la conclusion de son étude : « La grande maladie qui travaille notre société moderne, c'est l'individualisme, ce qu'on appelle l'*éparpillement humain*. Pour porter remède à ce mal, il faudra, tôt ou tard, ramener les classes ouvrières à l'organisation, à l'industrie corporative. »

Enfin dans la mémorable encyclique *de conditione opificum*, Léon XIII n'a-t-il pas proclamé que parmi les institutions qui peuvent le mieux contribuer à la solution de la question sociale, « la première place appartient aux corporations ouvrières, qui en soi embrassent à peu près toutes les œuvres. »

Dans la session de Voiron, comme dans les sessions précédentes les Etats libres du Dauphiné n'ont fait que travailler à vulgariser l'idée d'association, à en proclamer l'efficacité, et rechercher les moyens pratiques de la réaliser.

Comment se sont-ils acquittés de cette tâche? Le procès-verbal qui suit l'expliquera.

Mais avant de terminer cette introduction, nous croyons utile de dire quelques mots de la préparation de l'Assemblée de Voiron, et de l'accueil qui a été fait à ses organisateurs.

II

PRÉPARATION DE LA IIIᵉ SESSION

Les *Etats libres du Dauphiné* avaient pris au cours de leur IIᵉ Session leur forme définitive. Ils s'intitulaient « *Etats* » parce qu'ils devaient être la représentation des corps d'état; « *libres* » non seulement parce qu'ils ne provenaient que de la libre initiative de leurs promoteurs—mais encore parce qu'ils entendaient devenir l'expression d'une liberté publique.

Avant de se séparer, le 13 décembre 1891, ils avaient institué, à l'exemple de leurs devanciers du siècle dernier, une *Commission de permanence* chargée de poursuivre la préparation de la session prochaine, par la propagande de l'idée représentative, la formation des groupes professionnels, l'élaboration du programme, enfin l'initiative de la convocation.

Cette Commission avait été formée de six membres pour chacune des sections — (intérêts religieux et moraux, intérêts publics, intérêts industriels et intérêts commerciaux). — Elle avait la faculté de compléter son recrutement jusqu'au double, et avait reçu pour président, sous le titre de *secrétaire général des Etats*, leur organisateur même, M. de Gailhard Bancel.

C'était le moyen d'assurer l'application du principe d'une réunion annuelle que les Etats venaient de voter.

Les six semaines suivantes furent employées par le secrétaire général, assisté de l'un des secrétaires des séances, à en rédiger et faire éditer le compte-rendu. Il put l'adresser le 2 février à tous les membres de la Commission, avec une circulaire qui les invitait à lui faire connaître leur sentiment sur la mission qui leur incombait, et à s'adonner individuellement aux soins de la propagande, en attendant qu'ils eussent une réunion pour en rendre compte et se concerter sur la convocation et le programme d'une nouvelle session.

Cette réunion eut lieu au mois d'octobre suivant à Voiron, où il avait été question de tenir la prochaine session. Elle dura deux journées ; pendant la première on examina la situation ; pendant la seconde on convint de convoquer les Etats audit Voiron dans les premières semaines de l'année suivante et de s'y occuper principalement de l'organisation professionnelle et représentative, comme en une sorte de « Constituante. » Enfin on nomma un Commissaire général chargé de l'organisation de la réunion, M. le Marquis de Barral Montferrat, et on donna au Secrétaire général trois assesseurs : pour l'Isère M. Emile Lafuma, pour la Drôme M. Jules Gaillard, pour les Hautes-Alpes M. Joseph Roman, avec mission d'activer la propagande dans leurs départements respectifs sous la direction commune de M. de Gailhard-Bancel.

Le bureau de la Commission permanente ainsi constitué se mit à l'œuvre sans tarder. Il prépara et répandit dans le Dauphiné une série de notes sur les Etats et le 2 février 1893 lança la convocation à l'Assemblée de Voiron par l'appel qui suit :

Monsieur,

Nous avons l'honneur de vous faire connaître que la prochaine session des Etats libres du Dauphiné sera tenue à Voiron, les 4 et 5 Mars 1893.

Conformément aux principes des Etats, qui est la substitution du régime représentatif au parlementarisme, l'assemblée de Voiron, comme les précédentes assemblées tenues à Romans, aura un caractère essentiellement représentatif. En conséquence n'y seront appelés comme membres actifs que les délégués des associations professionnelles et autres groupes et sociétés du Dauphiné, les membres des assemblées électives et les représentants autorisés des corps constitués et des professions qui n'auront pas pu fournir des délégations.

C'est d'ailleurs dans l'étude de l'organisation de la représentation professionnelle et des questions qui s'y rattachent, que se résumeront les travaux de cette session.

La première réunion de Romans, en 1888, a eu surtout un caractère commémoratif, commandé par sa date, et pour objectif correspondant la revendication du droit historique comme base des libertés publiques. C'était comme un réveil de la vie politique provinciale, confisquée par les régimes qui ont succédé, en le faussant, au mouvement de 1788.

La deuxième assemblée de 1891 a surtout insisté sur la liberté d'association, sur son extension à toutes les professions et sur le profit dont elle serait, notamment à la liberté d'enseignement, à la pacification religieuse et sociale.

Le programme de l'Assemblée de Voiron, laissant en dehors toute question politique, et la question religieuse ayant été précédemment traitée, s'attachera surtout à la formation et à l'entente des associations professionnelles dans tous les ordres de l'activité sociale, comme point de départ de la représentation professionnelle.

Aussi bien, est-il, à cette heure, où le parlementarisme s'effondre dans la honte, une question plus actuelle, plus vitale, qui s'impose plus impérieusement aux préoccupations des bons citoyens, que celle de la représentation ? Et n'est-ce pas l'absence d'une représentation réelle, établissant entre l'électeur et l'élu des rapports effectifs et permanents, qui a rendu possible la situation lamentable dont nous sommes aujourd'hui les témoins attristés et indignés ?

C'est pour avoir un représentant sérieux de ses droits et de ses intérêts un mandataire capable de les défendre, qu'aux jours d'élections on dépose dans l'urne son bulletin de vote.

Or, le suffrage universel fonctionnant tel qu'il fonctionne aujourd'hui, avec des collèges électoraux disparaissant le soir même de l'élection, et dans lesquels, les intérêts les plus divers et souvent les plus contradictoires, se rencontrent au hasard des circonscriptions, qui donc peut se dire vraiment, réellement représenté ?

Sont-ce les agriculteurs ? Les industriels, les patrons, les ouvriers ? Le clergé, la magistrature, les universités, l'armée ? Non : personne au point de vue de ses droits, de ses intérêts, de ses fonctions, de sa profession, de ce qui constitue l'honneur et la dignité de l'homme, personne n'est représenté ; il n'y a que les passions qui le soient.

De là l'incompétence des élus, leur tendance à négliger toutes les questions d'affaires, leur unique préoccupation de satisfaire les passions et les rancunes de leurs électeurs influents, après que l'anonymat et l'irresponsabilité du pouvoir, leur auront permis de satisfaire les leurs.

C'est à cette absence totale de représentation des intérêts vitaux du pays, que nous voulons tenter de remédier; c'est à la recherche des moyens qui permettront au suffrage universel d'aboutir à une représentation réelle, effective, sincère, dans la mesure du possible universelle, que nous venons vous convier de travailler avec nous.

Cette question de l'organisation du suffrage universel, dont il est urgent aujourd'hui de trouver la solution, n'est point nouvelle. Sans rappeler les travaux de nos précédentes réunions, sans parler des nombreux discours et articles de revues et de journaux émanant de nos amis, des publicistes appartenant à des opinions absolument différentes des nôtres l'ont traitée avec une grande compétence et une réelle autorité. Des recueils périodiques, comme la *Vraie République* et la *Revue bleue*, ont publié à ce sujet des travaux remarqués : et l'un des chefs du parti socialiste écrivait naguère : « C'est le régime qu'il faut changer... La corruption est le fruit du parlementarisme. On a tout essayé, excepté un régime, un seul : le Représentatif. Pourquoi n'en pas essayer? »

Enfin le Parlement d'un pays voisin, le Parlement Belge, est saisi d'un projet de loi complet sur la représentation des intérêts, présenté par Messieurs les députés Hellepute, Leslever et Janssens.

L'heure paraît donc venue de poser la question en France, et c'est pour cela que nous n'avons pas hésité à la mettre à l'ordre du jour de la prochaine session des Etats libres du Dauphiné. Nous sommes convaincus qu'ils rendront un réel service au Pays en lui apportant un plan d'organisation de la représentation professionnelle, grâce à laquelle il pourra s'affranchir de l'influence néfaste des politiciens, et assurer à tous les citoyens le respect de leurs droits, l'exercice de leurs libertés, la sauvegarde de leurs intérêts.

Nous osons espérer que vous voudrez bien réserver un bon accueil à l'appel que nous prenons la liberté de vous adresser en sollicitant votre collaboration pour notre œuvre Dauphinoise, et vous prions de nous croire,

Vos très humbles et dévoués serviteurs.

Pour la Commission de permanence :

Le Secrétaire général :

H. de GAILHARD-BANCEL,

Agriculteur à Allex (Drôme).

Les Secrétaires-Adjoints :

EMILE LAFUMA, industriel à Voiron ;
JOSEPH ROMAN, propriétaire, rue Valserre, Gap.
JULES GAILLARD, avocat à Valence.

Cet appel ne resta pas sans écho ; mais ce ne fut pas par une discussion loyale et sérieuse qu'on lui répondit.

Les Francs-Maçons et les Jacobins comprirent bien vite le danger que feraient courir à leur tyrannie sectaire la parole franche et les loyales explications d'hommes dévoués sans arrière-pensée au bien du peuple. Aussi, pour empêcher les travailleurs de la région de prendre part aux travaux des Etats, eurent-ils recours à leurs armes ordinaires, le mensonge et la calomnie, et voici dans quels termes ils protestèrent contre les Etats :

« Considérant que le personnel des promoteurs des Etats libres du Dauphiné est essentiellement entaché de cléricalisme et que leur politique se résume en un retour au passé, à la soumission aveugle et à l'esclavage de celui qui produit en faveur de celui qui jouit ;

« Les travailleurs décident de s'opposer de toutes leurs forces à ces prétentions. Ils dénoncent à leurs camarades le piège grossier tendu pour les désagréger et rétablir les privilèges déchus.

« L'assemblée décide, en outre, de faire un appel énergique aux travailleurs de la région dauphinoise, pour les inviter à se tenir en garde contre les mensonges de grand apparat et à rester unis la main dans la main.

Cela n'a pas suffi à la secte. Dans la crainte qu'à la dernière heure, les ouvriers indépendants et tous ceux qui ne supportent qu'à contre-cœur le joug intéressé des meneurs, ne répondissent à l'appel qui leur avait été si loyalement adressé par la Commission des Etats, l'avis suivant a été répandu dans Voiron quelques jours avant la grande Assemblée de clôture, qui réunissait à 3 heures plus de 600 assistants, parmi lesquels un grand nombre d'ouvriers ruraux et urbains :

Citoyen,

Vous êtes invité à la réunion privée de tous les groupes des Travailleurs Voironnais qui aura lieu à la Mairie, salle du Tirage au sort, le dimanche 5 mars, à 4 heures du soir.

Rendez-vous sur le Mail, à 3 heures du soir, pour se rendre en colonne à la Mairie.

Ordre du jour : Protestation contre l'attitude cléricale et jésuitique des Etats libres du Dauphiné.

Qui pourrait, à cette inepte phraséologie, méconnaître l'inspiration sectaire des loges qui empoisonne le régime politique et social sous lequel se débat notre société moderne ? Mais, en même temps, à voir l'obéissance, la discipline merveilleuse, avec lesquelles les masses se soumettent aux chefs francs-maçons, quels sombres pressentiments ne doit-on pas concevoir ? L'apathie, l'égoïsme des classes supérieures ont laissé se former au sein de la classe ouvrière un groupe de théoriciens et d'apôtres qui, depuis quinze ans, se sont emparés de sa direction, l'ont, convaincue ou non, enchaînée à leur char, et l'ont militairement disciplinée par la lutte sans merci qu'ils ont entreprise contre l'ordre social tout entier. Nos amis ont pu constater à Voiron à quel degré d'avancement l'embrigadement par les sociétés secrètes est déjà parvenu.

A ces attaques violentes les organisateurs des Etats répondirent en adressant aux présidents des syndicats protestataires la lettre qui suit :

MONSIEUR LE PRÉSIDENT,

Les organisateurs des Etats libres du Dauphiné à Voiron ont lu avec regret la protestation que votre Société a cru devoir faire contre le Congrès dont ils sont les promoteurs. Cette protestation montre que vous nourrissez à leur égard des préventions qu'une conversation loyale et franche pourrait sans doute faire disparaître. Et, puisque vous ne voulez pas venir à leurs réunions, ils vous demandent de les recevoir et d'écouter chez vous, entre vous, les explications qu'ils croient utile de vous donner sur la façon dont ils comprennent l'œuvre à laquelle vous avez refusé de vous associer.

Nous vous prions, en conséquence, de vouloir bien vous entendre à cet égard avec les membres de votre bureau et ceux des autres syndicats protestataires, et de nous assigner un rendez-vous pour demain samedi à partir de 9 heures du soir. L'obligation où nous sommes d'assister aux Etats nous empêche de vous proposer une autre heure.

Recevez, Monsieur le Président, l'assurance de nos sentiments dévoués.

Pour la Commission des Etats :

Signé : LA TOUR-DU-PIN-CHAMBLY, H. DE GAILHARD-BANCEL, Emile LAFUMA, BARRAL MONTFERRAT, C. OGIER.

Le rendez-vous demandé ne fût pas accepté et les choses en restèrent là.

—o—

Malgré ces calomnies et les efforts tentés pour faire le vide dans leurs assemblées, les Etats libres ont tenu leur session sans rien retrancher de leur programme.

Les Commissions correspondant aux professions diverses, — professions vouées au bien public, — professions libérales. — professions industrielles et commerciales, — professions agricoles, — ont tenu leurs séances respectives et désignées des rapporteurs qui ont présenté aux Assemblées générales les résultats de leurs délibérations.

De nombreux auditeurs ont assisté à ces Assemblées générales, et ont prouvé par leur attention, qui ne s'est pas démentie durant deux longues séances, que l'œuvre des Etats libres répond à un réel besoin de l'heure présente.

III.

SUITE ET PORTÉE DES ETATS

Et maintenant, quelle suite sera donnée à ce mouvement ? Quels en seront les résultats et la portée ?

C'est le secret de Dieu.

Mais, disons-le, sans orgueil comme sans faiblesse, les organisateurs des Etats libres sont bien décidés à aller de l'avant, et à poursuivre la création de Chambres provinciales professionnelles, conformément aux vœux émis pendant la session de Voiron.

Dès le lendemain de la tenue des Etats, les commissaires désignés la veille par leurs sections, se sont réunis et ont arrêté les grandes lignes de leur action. Ils ont convenu que le noyau de chaque commission restera groupé à la main d'un secrétaire, qui correspondra activement avec le Secrétaire général et cherchera lui-même des correspondants dans son milieu professionnel.

Les Commissions ainsi formées organiseront une action de propagande écrite et parlée dans leurs milieux respectifs, sous leur direction et leur responsabilité propres, en considérant que la publicité n'est féconde qu'autant quelle est inspirée et exploitée par une pensée soutenue. Le compte-rendu de la session et celui des sessions précédentes, ainsi que les publications qui se rapportent à l'objet des Etats, seront les premiers instruments de cette propagande ; on devra d'ailleurs en rechercher bien d'autres, sans perdre de vue que le meilleur est toujours l'action personnelle sur quelque interlocuteur.

Les Commissions n'auront d'ailleurs pas à s'attendre pour reprendre l'œuvre des Etats ; à mesure que l'une d'elles sera parvenue à réunir les éléments d'une CHAMBRE PROVINCIALE représentative de sa profession, elle la constituera publiquement par une session propre qui sera intitulée session de telle *chambre des Etats*.

La réunion de ces *chambres* en *Etats* proprements dits ne dépendra que des circonstances et ne devra plus être déterminée par avance quant à la date ni quant au lieu. Cette détermination préalable avait pu convenir jusqu'ici pour assurer le lancement de l'idée, mais elle ne convient pas à son application sincère et féconde.

Les institutions ne se décrètent pas ; elles naissent et croissent dans la mesure sans doute des dévouements qui les procurent, mais aussi des circonstances qui les sollicitent : et les promoteurs des Etats libres du Dauphiné ne laissent pas mettre en doute la première de ces conditions, pas plus qu'ils ne doutent de rencontrer la seconde.

—o—

La loi du 21 mars 1884 sur les syndicats professionnels, grâce à laquelle l'action des Chambres provinciales professionnelles pourra s'exercer, est un fait acquis qu'il est aujourd'hui inutile de déplorer.

Et, disons-le bien haut, pour tout homme qui a le sentiment de sa dignité et de ses droits, ç'a été un fait heureux, une heureuse modification de notre législation césarienne.

Le droit d'association est après tout un droit naturel que la loi ne peut pas supprimer sans manquer à la justice, et s'il est un reproche que mérite la loi de 1884, c'est celui d'avoir apporté encore trop de restrictions à l'exercice de ce droit.

Il appartient aux honnêtes gens, quels que soient d'ailleurs les partis politiques auxquels ils appartiennent, de tirer de cette loi tout le profit qu'elle peut donner pour le rétablissement de la paix sociale et le bien du pays.

Dans les campagnes elle a déjà produit les résultats les plus féconds tant au point de vue économique qu'au point de vue moral. Pourquoi n'en produirait-elle pas d'aussi bons parmi les populations ouvrières, qui n'ont certes pas perdu le sentiment du devoir, de l'honneur et de la justice ?

Si les Etats libres du Dauphiné ont contribué à vulgariser cette loi, à en faire apprécier les bienfaits, à en multiplier les applications, à obtenir des pouvoirs publics son extension par une reconnaissance plus complète du droit d'association, ils n'auront pas perdu leur temps.

Et peut-être, comme leurs devanciers de 1788, marqueront-ils aussi une date historique, avec cette différence que ceux du XVIIIe siècle ont été le chant du cygne, tandis que ceux du XIXe auront été le chant de l'alouette.

PROCÈS-VERBAUX

DES

Assemblées Générales

I

PREMIÈRE ASSEMBLÉE GÉNÉRALE

Le samedi, 4 mars 1893, après avoir assisté à la messe solennelle célébrée en l'église St-Bruno pour l'ouverture de la troisième session des Etats libres du Dauphiné, et entendu un savant discours de sa Grandeur Mgr Fava, Evêque de Grenoble, les délégués et représentants, réunis au théâtre municipal ont tenu leur première assemblée générale sous la présidence de M. de Gailhard-Bancel, président du Comité d'organisation.

M. de Gailhard ouvre la séance et prononce le discours suivant :

MESSIEURS,

En ouvrant cette troisième session des Etats libres du Dauphiné, permettez-moi tout d'abord d'adresser, en votre nom, mes meilleurs et plus sincères remerciements à nos amis de Voiron, qui ont travaillé à la préparer avec un si grand zèle et un dévouement si éclairé.

Grâce à leur active propagande, notre œuvre a pénétré dans des milieux où elle était jusqu'ici demeurée inconnue, et si elle ne les a pas encore conquis, elle a du moins gagné qu'on s'occupât d'elle pour la discuter et pour la combattre.

C'est déjà quelque chose pour une œuvre d'avoir triomphé de la conspiration du silence, alors même qu'elle verrait en face d'elle se dresser la conspiration du tumulte et du bruit.

Du reste, Messieurs, tout en travaillant modestement, notre œuvre n'est pas restée sans porter des fruits. A l'issue de chacune de nos assemblées de Romans, de nouveaux syndicats ont été fondés, et ici même nous pourrons bientôt saluer, je crois, la naissance d'un nouveau et important syndicat.

Mais ce n'est pas seulement dans le domaine des faits que notre action s'est fait sentir ; dans le domaine des idées elle a été plus grande encore peut-être.

Combien de projets de loi ont eu leur point de départ dans les vœux produits dans nos assemblées ? Combien d'idées, qui aujourd'hui courent les journaux y ont été émises pour la première fois ! Combien de mots même y ont été pour la première fois prononcés !

Pour ne citer que quelques exemples, ne trouvez-vous pas un grand air de parenté entre cette phrase :

« Il faut faire pour *le quatrième Etat*, les classes populaires à proprement parler, ce que la civilisation a fait successivement pour les classes plus avancées en les organisant. »

Et cette autre phrase : « Vous ne comprenez donc pas que l'heure de l'avénement du quatrième Etat est enfin venue ? »

Or, tandis que la seconde était prononcée par M. Clémenceau, le 4 mai 1891, nous avions le plaisir d'applaudir la première le 11 novembre 1888, à l'assemblée de Romans, dans un rapport présenté par M. de La-Tour-du-Pin Chambly.

Et quelle idée, Messieurs, a fait plus rapidement son chemin que celle de profiter du renouvellement du privilège de la Banque de France pour demander à cet établissement national d'ouvrir ses guichets aux agriculteurs comme aux commerçants et de faciliter ainsi l'organisation du Crédit agricole ?

Eh bien, cette idée a été produite pour la première fois à l'Assemblée des délégués des Assemblées provinciales en 1889, et c'est un délégué dauphinois qui la fit admettre en demandant que la plus grande des forces nationales, l'agriculture, ne fût pas exclue des services que peut rendre, que doit rendre une banque nationale.

Quant aux projets de loi dont je parlais tout à l'heure, l'énumération en serait longue ; je rappellerai seulement celui qui vient d'être voté récemment sur les opérations de bourse et qui avait été réclamé par la plupart des assemblées provinciales.

Vous voyez donc, Messieurs, quoi qu'il en soit qu'il y paraisse, nous ne nous sommes pas tout à fait agités dans le vide, qu'il est resté quelque chose

2

de nos délibérations et de nos travaux, et que l'écho de nos paroles et de nos vœux s'est repercuté jusqu'au sein du Parlement.

Et l'idée de la Représentation professionnelle, qui est à l'ordre du jour de notre troisième session, si nous ne l'avons pas inventée, n'avons-nous pas contribué à la vulgariser, à attirer sur elle l'attention du pays et à en faire reconnaître et affirmer la vérité par des hommes que leurs opinions sur bien d'autres points séparent entièrement de nous ?

Et les hontes de l'heure présente ne donnent-elles pas une douloureuse actualité à cette parole, dans laquelle M. le comte A. de Mun résumait son discours de l'Assemblée de Romans, en 1888 :

« Le Parlementarisme, voilà l'ennemi? »

Aujourd'hui ce cri prophétique ne trouve-t-il pas un écho retentissant et plaintif dans nos villes et dans nos campagnes, et dans nombre de foyers d'artisans, d'ouvriers, de laboureurs, dont l'épargne a sombré dans les recentes déprédations financières ?

Mais il ne suffit pas de dire que le parlementarisme est la cause de tout le mal ; on ne peut supprimer que ce que l'on remplace ; et comme dans le régime actuel le parlementarisme est l'expression, falsifiée il est vrai mais unique, du suffrage universel, et qu'on ne doit pas songer à porter atteinte au suffrage universel, il faut arriver à donner à celui-ci une expression meilleure, une forme plus rationnelle, laquelle, en assurant sa sincérité, fasse qu'il aboutisse à la représentation vraie, réelle, loyale, des aspirations, des besoins, des intérêts du pays.

C'est à cette recherche que nous allons nous livrer, Messieurs, en travaillant ensemble pendant ces deux jours avec autant de calme en présence de l'agitation du dehors, que de bienveillance et de cordialité entre nous.

Au commencement du moyen-âge, alors que la civilisation chrétienne n'avait pas encore atteint son entière floraison, mais avait cependant grandement adouci les mœurs barbares des premiers francs, l'Eglise avait demandé et obtenu que pendant trois jours par semaine les hostilités fussent suspendues entre ces hommes qui ne vivaient que pour la guerre ; et cette suspension d'armes reçut et a gardé dans l'histoire le nom de *Trève de Dieu*.

Aujourd'hui, Messieurs, les luttes ont changé de nature, mais elles ne sont ni moins prolongées, ni moins ardentes.

Suivant des traditions auxquelles nous avons à cœur d'être fidèles, pendant ces deux journées que nous allons consacrer à l'étude de la représentation professionnelle, nous oublierons les luttes politiques qui malheureusement divisent notre pays, et ce sera avec bonheur, n'est-ce pas, que nous jouirons de cette trève des partis, que nous saluerons comme une nouvelle *Trève de Dieu*.

Après ce discours, vivement applaudi, les membres de l'assem_ blée, sur la proposition de M. de Gailhard Bancel procédent à la constitution du bureau des Etats et de leurs quatre commissions, en acclamant les noms suivants :

Président des Etats : Le Marquis de La-Tour-du-Pin-La-Charce.

Secrétaire général : M. H. de Gailhard-Bancel.

Commissaire général des Etats : Marquis de Barral Montferrat.

Assesseurs : MM. l'abbé Barnave (président de la première commission), Marquis de Barral, (président de la deuxième commission), Léon Rostaing, (président de la troisième commission), de Fontgalland, (président de la quatrième commission).

Secrétaires : MM. J. Gaillard, Baty, Argoud et de Bernon.

M. de Gailhard-Bancel rappelle rapidement le règlement des Etats Libres du Dauphiné et cède la présidence à M. de La-Tour-du-Pin. Celui-ci invite tous les membres de l'assemblée à travailler activement pendant les deux jours de la session et expose le programme de travail : premier jour, associations professionnelles locales, leur création, leur développement : deuxième jour, leur représentation provinciale. Il ajoute qu'il faut s'occuper surtout d'organisation parce qu'il faut que cette session ait vraiment un lendemain par les résultats obtenus, et termine en adressant un chaleureux appel à tous les hommes de bonne volonté, d'où qu'ils viennent et à quelque opinion qu'ils appartienent.

Après quelques avis d'organisation donnés par M. de Barral pour la tenue des Etats, l'ordre du jour se trouvant épuisé, la séance est levée.

L'un des Secrétaires :

J. GAILLARD

II

DEUXIÈME ASSEMBLÉE GÉNÉRALE

Le même jour, à huit heures du soir, les membres de l'assemblée se sont réunis au théâtre municipal sous la présidence de M. de La-Tour-du-Pin-La-Charce pour entendre les vœux émis par les quatre commissions et les rapports présentés en leur nom. De nombreux auditeurs, parmi lesquels beaucoup d'ouvriers, s'étaient joints aux « Délégués et Représentants. »

M. de La-Tour-du-Pin ouvre la séance par l'allocution suivante :

« Rappelé cette fois encore à la Présidence des Etats Libres du Dauphiné, je vous en remercie de nouveau, Messieurs, dans un profond sentiment d'humilité de ma personne et de reconnaissance de l'honneur fait ainsi à ma famille. Elle est de celles qu'on caractérisait jadis par un dicton devenu depuis une devise : « Courage et Loyauté. » Je m'en inspirerai, pour maintenir avec courage, nos travaux sur le terrain large et ouvert où ils ont été placés sous la sauvegarde de notre loyauté. »

« Chacun voudra m'y aider en évitant toute parole qui pourrait diviser des hommes unis dans un même élan de bonne volonté !

« Sous le bénéfice de cette trève de Dieu, comme on l'a dit si heureusement ce matin, nous écouterons aujourd'hui les rapports de nos commissions sur la question des associations professionnelles locales qui sont le point de départ de notre programme. Demain nous les entendrons sur le mode dans lequel elles se concerteront pour une représentation provinciale. »

« Ces questions ne sauraient donner lieu à aucune discussion générale, puisque chaque profession est maîtresse chez elle. Mais nous formulerons ensemble notre sentiment sur la mesure dans laquelle les vœux de chaque profession pourront dès à présent s'imposer aux pouvoirs publics. »

« Enfin la nombreuse assistance qui nous honore de son intérêt en sera récompensée à la suite de chaque séance par un discours plus littéraire où l'idée mère de nos réunions se retrouvera dans la bouche d'orateurs diserts et renommés, venus de Paris pour nous apporter ce témoignage de leur sympathie. »

« Puis nous laisserons aux commissions permanentes que nous avons instituées la tâche de mener à bien l'œuvre dont nous aurons préparé l'organisation, avec l'aide de Dieu. »

L'assemblée tout entière s'associe par ses applaudissements aux pensées si bien exprimées par son président.

La parole est donnée alors à M. Baty, rapporteur de la commission des professions libérales au nom de laquelle il propose les vœux suivants :

« 1° Que les professions libérales profitent de toutes les res-
« sources des lois existantes pour s'organiser le plus tôt possible
« sur la base de la représentation professionnelle ;

« 2° Qu'elles demandent, par l'organe des associations, corpo-
« rations ou syndicats, existant ou à créer, l'extension des béné-
« fices de la loi de 1884 aux professions libérales. »

Ce vœu soumis à l'assemblée est adopté à l'unanimité.

La commission des intérêts industriels et commerciaux a dé-
signé comme rapporteur M. Ogier, qui développe, au nom de la
commission et après avoir fait des réserves quant à ses appréciations
personnelles, la déclaration suivante :

« La majorité est d'avis qu'il y a lieu de s'appliquer, pour le
« moment, uniquement à la formation de syndicats et à leur dé-
« veloppement dans toutes les diverses professions touchant à
« l'industrie au commerce et aux arts et métiers, par tous les mo-
« yens de propagande possibles, tels que la presse, les conférences
« et l'action personnelle. »

Cette déclaration après un commentaire très pratique fait par
M. le Président est également adoptée par l'assemblée.

A M. Ogier succède M. Sayn, l'un des membres les plus autorisés de la commission des intérêts agricoles. Après avoir expliqué
que cette commission a constaté que les agriculteurs avaient pro-
fité largement de la liberté d'association, rendue partiellement par
la loi du 21 mars 1884, M. Sayn donne à l'assemblée quelques
notions générales et des plus pratiques sur les syndicats agricoles,
leur organisation, leur action et leurs résultats. La quatrième
commission émettra s'il y a lieu un vœu plus précis dans la dernière assemblée générale et se borne pour le moment à souhaiter :

1° Que l'initiative prise dans la Drôme pour la multiplication des Syndicats agricoles et leur esprit de solidarité s'étende à toute la province.

2° Que ces associations s'enhardissent à rendre tous les bienfaits dont il est dans leur pouvoir de faire profiter leurs adhérents, notamment par la mutualité, la coopération, le crédit, etc...

Les applaudissements de l'assistance remercient l'orateur de son exposé si intéressant et lui témoignent du plaisir avec lequel il a été écouté.

M. Boyer de Bouillane prend la parole au nom de la commission des professions vouées au bien public.

Il développe éloquemment cette idée que l'on a le droit de faire en commun, tout ce que la loi morale permet de faire seul ; que dès lors la liberté d'association est de droit naturel, et que le régime de l'autorisation n'est pas celui des pays libres. Ce n'est pas être libre que d'avoir à demander toujours la permission pour agir.

Il commente ensuite avec une grande autorité les vœux suivants qui sont adoptés à l'unanimité :

« 1° Que dans l'organisation sociale du pays tous les intérêts
« soient représentés par des délégations émanées de groupes pro-
« fessionnels légalement constitués sur le terrain du droit com-
« mun.

« 2° Que notamment le droit d'être représenté appartenant à
« toutes les associations professionnelles, soit reconnu aux asso-
« ciations religieuses, d'enseignement, de charité, de mutualité,
« et autres vouées au bien public.

« 3° Que les promoteurs d'œuvres d'enseignement et de charité
« usent de toutes les facultés que leur offre la législation actuelle
« pour créer des associations susceptibles d'être consultées et
« ultérieurement représentées. »

L'ordre du jour étant épuisé, M. le Président, après avoir remercié les délégués de leur attention soutenue et les rapporteurs de leurs travaux, déclare la séance levée pour être reprise le lendemain à trois heures. Puis il invite un orateur, étranger aux Etats Libres, M. Ménard, à donner aux nombreux auditeurs, avant qu'ils se séparent, ses propres aperçus sur la Question Sociale, et le brillant discours de M. Ménard quoique hors du programme et de la Tenue des Etats Libres, s'y rattache pourtant en montrant combien il est nécessaire dans l'état social actuel de substituer la représentation professionnelle au système électoral qui existe aujourd'hui. Ce système aboutit forcément à l'incompétence, à l'irresponsabilité, au despotisme des élus, et partant à la domination des politiciens. Avec l'organisation de la représentation par les associations professionnelles, les politiciens disparaîtront, les députés, choisis avec plus de discernement, seront vraiment les représentants des forces vives du pays. Le suffrage universel aboutira à la représentation universelle et un grand pas sera fait vers le rétablissement de la paix sociale.

Le discours de M. Ménard est vivement applaudi. M. de La Tour du Pin remercie l'orateur, qui sert la France par sa parole aussi généreusement que son frère, le capitaine Ménard, frappé récemment dans un combat, au Sénégal, la servait par son épée.

L'un des secrétaires,

J. GAILLARD.

III

TROISIÈME ASSEMBLÉE GÉNÉRALE

Le dimanche, 5 mars, deuxième journée des Etats Libres du Dauphiné, la troisième assemblée générale a eu lieu à trois heures et demie au théâtre municipal, où de nombreux auditeurs, se pressaient, comme la veille, autour des délégués.

Avant la séance proprement dite des Etats, M. Kergall, président du Syndicat économique agricole, qui a bien voulu se souvenir que des liens de famille le rattachent au Dauphiné et apporter à l'idée des Etats Libres le concours de sa parole autorisée, prononce un remarquable discours sur la solution de la question sociale par l'association libre. Il démontre la nécessité de l'association pour reconstituer la société, car à l'heure qu'il est c'est la reconstitution de la société française elle-même qui s'impose.

« En vérité, dit-il, est-ce qu'il suffit de vivre sous la même loi, sous l'autorité du même gendarme pour constituer une société ? Si cela était, il y aurait une société turque, de par le lien du même despotisme, et je ne sache pas qu'on ait jamais prétendu rien de pareil. Non, pour constituer une société, il faut autre chose. Il faut que d'un bout à l'autre de l'échelle sociale, il y ait entre citoyens des relations, des liens, des devoirs, organisés de façon que, en cas de besoin, tout citoyen puisse trouver aide et protection auprès de quelqu'un ou de quelque groupe. Non pas seulement l'aumône qui humilie et asservit celui qui la reçoit mais l'appui fraternel, le moyen de gagner virilement et honorablement sa vie par le travail. Ce n'est pas une Société qu'un état ou la règle est : chacun pour soi, et dans lequel l'enfant sans parents, ou l'homme en détresse n'a le droit de se réclamer de personne, ne trouve personne qui ait un devoir vis-à-vis de lui et ne peut compter que sur les hasards des relations ou de la charité. Il y a encore une France, il y a aussi une Turquie ; il n'y a plus de Société française, et ce n'est pas pour une autre cause que la question sociale se pose en ce moment avec cette âpreté redoutable.

. . . .

Le jour où partout en France il y aura des associations libres, il n'y aura plus d'isolés réduits à leurs propres forces. Chaque Français saura à quelle porte frapper, en cas de besoins, pour trouver aide et protection, et quoi de plus facile sur le terrain professionnel surtout, quoi de plus simple pour une association, d'ailleurs reliée aux associations de même nature, que de remplir vis-à-vis de chacun de ses membres le devoir qui sera né le jour où celui-ci sera librement entré chez elle ? Qu'il y ait là l'absolu, l'absolu n'est pas de ce monde.

Une grande parole a été dite il y a bientôt dix-neuf cents ans : « Il y aura toujours des pauvres parmi vous ». Il y aura toujours des pauvres, parce qu'il y aura toujours des incapables, des paresseux et des criminels. Aussi bien, la doctrine collectiviste elle-même ne promet-elle

point aux gens de les nourrir à ne rien faire. Nous n'avons point non
plus cette prétention, mais seulement celle de mettre à la disposition
du travailleur, les puissantes ressources que fournit l'association, la
grande rivière que font les petits ruisseaux et le droit de réclamer le
concours de ceux auxquels il prête le sien.

Après avoir démontré que c'est à ceux qui ont la fortune, et partant l'instruction et des loisirs, qn'il appartient de promouvoir et
de former des syndicats l'orateur continue ainsi :

Une grande parole, qu'on ne recusera pas ici, disait dernièrement
que si le produit du travail ou le don de l'héritage est bien la propriété pleine et entière de celui qui les possède, l'usufruit n'est pas à lui tout
entier. Il en doit une part à ceux qui ont été moins bien partagés. Le
riche doit la part du pauvre. Il doit même plus encore. Il ne doit pas
être le protecteur ou le bienfaitenr ; il doit être le frère aîné, qui ne
peut refuser sa collaboration, son concours fraternel à ses cadets.
Il doit donner non seulement une part de son revenu, mais encore une
part de lui-même, une part de son cœur.

Il n'est plus tolérable qu'il y ait en France des privilégiés, plus prévi-
légiés encore que ceux d'autrefois ; car ils n'ont que des droits sans devoirs. Ces droits, le code ne les reconnait pas ; ils n'en existent pas
moins, sinon en droit, du moins en fait.

« Ni Dieu ni Maitre » est bientôt dit. Mais à quoi sert de supprimer
Dieu et Maitre, s'il reste l'Argent. Tant qu'on n'aura pas supprimé en
même temps la faim et la soif, celui qui a faim et soif restera dans
la dépendance de l'argent, qui fournit le moyen d'apaiser l'une et l'autre, et qui ne donne rien pour rien.

Il est temps que l'associaiton libre et fraternelle vienne corriger l'oppression de ce maitre sans entrailles. Il est temps que notre semblant
de société, comme me le disait hier soir le Président des Etats du Dauphiné, M. de la Tour-du-Pin, ne ressemble plus à une table d'hôte d'ou
l'on expulse impitoyablement le voyageur qui n'a pas de quoi payer son
écot.

Ce que je viens vous demander, Messieurs, c'est de vouloir bien faire
écho à ma voix, trop faible pour porter loin. Je ne suis que la voix qui
crie dans le désert. Si vous voulez bien crier avec moi, vous les petits-
fils des grands citoyens qui ont eu l'initiative du grand mouvement de
1789, tout le monde entendra, même les sourds.

Vous avez banni la politique de vos ordres du jour et, à sa place,
vous y avez mis, par l'association, la question sociale. Vous êtes en cela
les dignes fils des pères de l'Evolution de 1789. La politique, c'est la for-

me ; la question sociale, c'est le fond ; la politique, c'est hier ; la question sociale, c'est demain ; la politique, c'est l'eau trouble, c'est la réaction ; l'association libre, c'est la lumière. c'est le progrès. Et voilà pourquoi je demande aux fils de ceux qui ont inauguré le XIXᵉ siècle, *le siècle des droits de l'homme*, d'inaugurer le XXᵉ siècle, *le siècle des devoirs de l'homme.*

M. Kergall termine en émettant le vœu suivant qui est acclamé par l'assemblée :

« Je demande dit-il, d'affirmer :

« Qu'au-dessus des questions politiques, il y a une question vitale : la question sociale ;

« Que suivant les votes des Congrès ouvriers de Paris 1876, et Lyon 1878, cette question sociale ne peut être résolue que par l'association libre, c'est-à-dire par l'union des classes pour la liberté et la justice.

« Et je vous demande de faire appel à tous les Français en situation de s'occuper du peuple et de les inviter à remplir enfin leur devoir social et patriotique en organisant le réseau d'associations libres nécessaire à la reconstitution. »

M. de Gailhard Bancel, qui a présidé cette première partie de la réunion, remercie M. Kergall et remet la présidence à M. de La Tour-du-Pin.

—o—

M. le Président des Etats ouvre la séance, par la lecture de l'ordre du jour et donne la parole au secrétaire pour la lecture du procès-verbal des deux premières réunions générales. Le procès-verbal est adopté.

M. de La Tour-du-Pin donne alors connaissance à l'assemblée d'une lettre de M. Lamy, ancien député, qui s'excuse de ne pouvoir prendre part à ses travaux, regrettant que son état de santé l'empêche de venir dire aux membres des Etats Libres son sentiment sur leur utile organisation et sur la représentation professionnelle dont ils ont fait leur programme, mais offrant de venir dans une autre circonstance apporter aux organisateurs l'appui de sa parole, s'ils la jugeaient nécessaire à leur œuvre. L'assemblée témoigne par d'unanimes applaudissements de l'honneur et de la confiance qu'elle éprouve en entendant cette déclaration de M. Lamy.

La parole est donnée alors à M. G. Forot rapporteur de la première commission qui vient exprimer la décision par elle prise de travailler de toutes ses forces dans la limite dè ses attributions à organiser la représentation professionnelle en vue de la prochaine session des Etats Libres par la nomination d'une chambre permanente.

M. de Marolles, publiciste, commente éloquemment pour le plus grand plaisir et profit de l'assemblée cette déclaration qui, à un vœu trop souvent inefficace, substitue la décision d'agir énergiquement pour atteindre le but proposé.

M. le Marquis de Barral présente le rapport de la commission des professions libérales. Il rappelle les vœux formulés la veille au nom de cette commission, et expose que conformément à ces vœux elle a dans sa réunion du matin, constitué la chambre provinçiale permanente des professions libérales du Dauphiné, et lui en a confié la présidence, en lui adjoignant trois secrétaires.

M. de Barral développe ensuite les motifs qui l'ont déterminé à accepter et donne ses appréciations personnelles sur le mouvement de 1789 et sur la situation actuelle. Il termine en affirmant que l'association amènera l'émancipation du IVe Etat.

La commission des intérêts industriels et commerciaux déclare par l'organe de M. Ogier, son rapporteur à la précédente assemblée s'en référer aux vœux émis par la commission des intérêts agricoles.

Celle-ci, par l'organe de M. A. Gairal exprime les vœux suivants :

1° Que toutes les professions agricoles soient représentées par des chambres d'agriculture constituées par arrondissement ; que ces chambres soient élues par tous les intéressés et qu'elles aient, en matière agricole, des attributions semblables à celles que la loi reconnaît aux chambres de commerce ; enfin que les chambres d'arrondissement d'une même région agricole ou d'une même circonscription provinciale aient la faculté de s'unir en assemblées périodiques.

2° Que les professions agricoles figurent par leurs représentants légaux, avec ceux des autres professions, dans les colléges électoraux chargés de nommer les membres de la Chambre haute.

3° En attendant l'organisation officielle de la représentation agricole, que les élus du suffrage universel prennent l'engagement de consulter les associations agricoles existantes et notamment les syndicats, dans la préparation de toutes les lois intéressant l'agriculture.

Ces vœux sont adoptés à l'unanimité.

—o—

Sur l'invitation de M. le Président, M. le Secrétaire Général fait connaître les noms proposés par chaque commission pour former les Chambres provinciales permanentes qui auront le mandat d'organiser des associations dans les professions auxquelles elles correspondent et de préparer ainsi la prochaine session des Etats. Voici la liste de ces noms :

I. — Commission des professions vouées au bien public.

MM. J. Gaillard, H. Chopin, J. Rondet, l'abbé France, l'abbé Patricot, Forot, Crolard, l'abbé Semat, Gueydon, Jossiet.

II. — Commission des professions libérales.

MM. le marquis de Barral, comte de Prunières, Jules Berthaud, Clément-Savoye.

III. — Commission des intérêts industriels et commerciaux.

MM. E. Lafuma, L. Rostaing, C. Ogier, E. Prudhomme, Argoud.

IV. — Commission des intérêts agricoles.

MM. de Fontgalland, A. Gairal, de Gailhard Bancel, de la Grand-ville, Sayn, vicomte d'Hugues, A. Roche, E. Reboud.

—o—

M. le Président donne ensuite la parole à M. de Gailhard Bancel qui présente le rapport général sur les travaux de l'Assemblée.

MESSIEURS,

C'est une lourde tâche pour moi d'avoir à prendre la parole à la fin de cette longue et intéressante séance, et pour vous d'avoir à m'écouter. Je m'efforcerai de l'alléger et pour vous et pour moi en m'en acquittant aussi rapidement que possible.

Je ne reviendrai pas sur les travaux de chacune de vos commissions; je me contenterai, après avoir rendu hommage à la précision, à l'autorité, à la verve, à l'éloquence de leurs rapporteurs, de mettre en relief les idées communes à tous, et de jeter un coup d'œil d'ensemble sur les résolutions qu'ils ont été unanimes à vous proposer.

Nécessité de l'Association.

La première idée qui forme pour ainsi dire la base de tous les rapports, c'est l'affirmation absolue de la nécessité de l'association, et spécialement de l'association professionnelle. L'association constitue une force immense, et tant au point de vue individuel qu'au point de vue de la société, cette force doit être utilisée et multipliée.

L'homme seul, isolé, sans autres ressources que son travail, est impuissant à se suffire, à sauvegarder ses droits, à faire face à toutes les éventualités de la vie. L'association le soutient, le protège, le grandit, le fortifie. Elle assure son indépendance ; bien loin de détruire sa personnalité, elle la complète et la développe.

En mettant à la portée des associés les moyens de se prémunir contre les accidents et les misères de la vie, elle accroit en eux le sentiment de leur dignité; elle leur donne conscience de ce qu'ils peuvent par eux-mêmes, et les détourne de regarder toujours du côté de l'Etat, qu'on est si enclin à prendre pour la providence universelle.

Enfin, de même que la famille prépare et forme l'homme à ses devoirs de famille, l'association le prépare à devenir citoyen, c'est-à-dire l'homme de la cité; elle est l'école où il apprendra à s'intéresser aux affaires de la commune, de la province, du pays, en se mêlant à la vie de l'association, à l'administration de son patrimoine; elle sera comme le premier échelon de la vie publique à laquelle doit participer tout homme qui veut être libre, savoir penser et agir par lui-même, sans attendre passivement un mot d'ordre.

Formation des Associations.

Mais ce n'est pas tout d'affirmer la nécessité de l'association, il faut la faire comprendre à ceux qui ont intérêt à s'associer, et par ce temps d'individualisme, ce n'est pas toujours facile. On se heurte aux habitudes prises, à l'ignorance et à la méfiance des uns, à l'apathie, à l'indifférence des autres, et souvent on recule devant ces obstacles.

Messieurs les rapporteurs ont été unanimes à dire qu'il faut absolument les surmonter et multiplier aussi rapidement que possible dans notre province la fondation des associations professionnelles. Je dis *professionnelles* parce que la profession établit un lien intime et quasi familial entre les hommes qu'elle rapproche par une communauté d'occupations; et, les réunissant déjà pour le travail, il est tout naturel qu'elle les réunisse aussi pour s'occuper des intérêts généraux de la profession et de leurs intérêts économiques dans les syndicats ou corporations.

Les syndicats professionnels sont d'ailleurs, à cette heure où la liberté d'association est parcimonieusement mesurée, les seuls que la loi reconnaisse et autorise.

Pour former des syndicats il peut y avoir des moyens spéciaux à chaque profession; mais il y en a qui sont communs à toutes, et dont il faut user sans hésitation et sans retard : c'est l'exemple, la presse, la parole.

Pour le bien, comme pour le mal, l'exemple est contagieux : il est rare qu'à côté d'une association prospère on n'en voie pas se former de nouvelles.

La presse et les conférences peuvent aussi contribuer grandement à vulgariser l'idée d'association et en faciliter la réalisation. Leur action combinée peut être à cet égard des plus utiles et des plus fécondes.

On dit quelquefois que la presse est un sacerdoce. Ces temps derniers elle a singulièrement compromis la dignité de ce sacerdoce. Pourquoi ne s'appliquerait-elle pas à la lui reconquérir en aidant par son puissant concours à la diffusion des associations ? Au lieu d'amuser uniquement ses lecteurs, elle les instruirait, les éclairerait, servirait leurs intérêts, et s'acquerrait ainsi des droits à la reconnaissance du pays.

Messieurs les journalistes qui sont venus assister à cette assemblée ont donné un bon exemple : je les en remercie, et je souhaite que leur zèle pour la cause des syndicats trouve beaucoup d'imitateurs.

Représentation des Associations.

Une fois les syndicats formés il faut qu'ils vivent, et qu'ils aient leur vie publique aussi bien que leur vie privée. Il affirmeront celle-ci par les services de toute nature, matériels et moraux, professionnels, économiques, qu'ils rendront à leurs membres. Ce sera par la représentation qu'ils manifesteront leur vie publique et entreront peu à peu dans l'organisation politique du pays, dans les assemblées de la Commune, de la Province, et de l'Etat.

Ce ne sera pas du premier coup qu'ils y prendront leur place; mais c'est à la conquérir que doivent tendre tous leurs efforts : et le moyen le plus sûr d'y parvenir, de l'avis de tous les rapporteurs, est d'organiser par province la représentation libre des syndicats et associations diverses actuellement existantes. Cette représentation constituera les Etats libres, lesquels tiendront chaque année leur session, délibéreront sur tout ce qui intéressera les professions et les métiers, et pèseront sur les pouvoirs publics par des démarches de leurs bureaux, par des pétitions, par leur intervention spontanée toutes les fois que s'en présentera l'occasion.

C'est ainsi que les syndicats professionnels s'achemineront vers leur représentation officielle, et arriveront à pénétrer dans les conseils de la nation auxquels ils apporteront la probité et la compétence qui leur font défaut aujourd'hui.

Et pourquoi un jour ne formeraient-ils pas les collèges électoraux de l'une de nos grandes assemblées ? Pourquoi le Sénat, par exemple, qui, quoi qu'on ait dit, n'a jamais été le grand conseil des communes, ne deviendrait-il pas réellement le grand conseil des corporations ?

En attendant que la représentation officielle des syndicats devienne la loi du pays, avant même qu'une représentation libre, sérieuse soit organisée (et certes elle ne peut pas s'improviser en un jour), il est une résolution que nous pouvons prendre aujourd'hui et réaliser en partie demain parce qu'elle dépend de nous : c'est imposer à tous les candidats aux prochaines élections législatives de prendre l'engagement de demander que les syndicats professionnels soient obligatoirement consultés, et de commencer par les consulter eux-mêmes, chaque fois que les intérêts de la profession seront en jeu.

Ce sera une première affirmation du droit des syndicats d'intervenir dans les questions qui sont de leur ressort, et, si elle est accueillie, la reconnaissance officielle de ce droit; ce sera le commencement de la réalisation des vœux que toutes nos commissions ont renouvelés pendant cette session ; ce sera, en un mot, la voie ouverte au régime vraiment représentatif, dont nous n'avons, hélas ! que la caricature dans les chambres actuelles, lesquelles, étrangères par leur origine et leur composition aux intérêts vitaux du pays, ne représentent que les passions et les appétits.

Non certes ! elles ne représentent pas notre peuple, le peuple de France ! car ce peuple a soif d'honnêteté et de justice, et il refuse de se reconnaitre dans ces hommes qui seront bientôt submergés sous les flots toujours montants de leurs malversations et de leurs iniquités.

Parlementarisme et Capitalisme.

Messieurs Ménard et Kergall le disaient avec raison dans les discours que vous avez applaudis hier et aujourd'hui, au milieu du désordre, de la confusion, de la corruption dans lesquels se débat notre malheureuse société, une seule puissance est restée debout, l'Argent. Et les pseudo-représentants du peuple, qui détiennent le pouvoir, se sont vendus à lui, et se sont constitués les exécuteurs de ses basses œuvres.

Le parlementarisme était bien fait pour marcher de pair avec le capitalisme, et lui livrer, en échange de son or, l'honneur, la sécurité, la prospérité de la patrie.

Et quand je parle du Capitalisme, Messieurs, quand je le confonds avec le Parlementarisme dans une même réprobation, dans un même même anathème, ne croyez pas, je vous en prie, que j'attaque le capital, la propriété, et que je me fasse l'auxiliaire de ceux qui veulent les détruire. Non, je n'ai point cette pensée, et je suis prêt à proclamer bien haut leur légitimité, leur nécessité. Mais bien loin de les attaquer, je les défends au contraire en les séparant du capitalisme, qui en est l'exagération, la déformation, l'abus ; qui les dépouille de leur caractère sacré, en les matérialisant ; qui amoindrit leurs droits en supprimant leurs devoirs, et les voue à la haine et à la colère des pauvres en les mettant uniquement au service de l'orgueil, de la cupidité et du plaisir.

Le Capitalisme, Messieurs, c'est le règne, la domination, la tyrannie de l'Argent : c'est l'idolâtrie du veau d'or; c'est l'Argent devenu le maître de toutes choses, du pouvoir, des fonctions, des honneurs; de tout ce qui constitue et assure l'indépendance de l'homme, de ce qui fait la vigueur de son corps et la dignité de son âme, la force de ses muscles et l'énergie de son cœur, le maître en un mot des estomacs et des consciences.

Conclusion.

C'est grâce à l'état d'individualisme auquel notre société est condamnée depuis un siècle, que l'Argent a pu mettre à son service toutes les forces du pays et atteindre cette invraisemblable prépondérance. Seule la force de l'association pourra la lui enlever, ou tout au moins la ramener dans les limites que lui assigne la justice; seuls les syndicats ou corporations, en prenant dans l'organisme social et politique la place qui leur appartient, pourront émanciper le travail et le soustraire à l'oppression de l'argent.

Ils serviront en même temps la cause de la propriété, qui, protégée contre ses abus et rendue à sa fin légitime et naturelle, ne sera plus exposée à subir les assauts d'une multitude soulevée à la fois par la misère et l'injustice.

C'est à préparer cette grande œuvre, Messieurs, que vous avez travaillé pendant ces deux jours en démontrant la nécessité de l'association professionnelle et la légitimité de sa représentation, et que vous continuerez à travailler en fondant des syndicats et en organisant leur représentation.

Et lorsque votre exemple aura été suivi, lorsque les associations se seront multipliées sur le sol de notre pays, lorsque ceux qui auront la mission de le gouverner seront les représentants sincères de la nation organisée, alors la tyrannie du nombre et de l'argent fera place au règne du droit et de la justice; alors Dieu sera honoré, la propriété respectée, le travail protégé, et elle sera bien près de devenir une réalité la belle devise qu'un Evèque dauphinois donnait aux Etats libres en 1888 : *Fata Galliæ restituta.*

Oui, redevenue grande, forte, prospère, par l'union de ses fils, la France reprendra à travers les peuples et les âges ses glorieuses destinées.

M. le Président remercie M. le rapporteur et propose à l'assemblée d'adopter comme conclusion pratique la résolution suivante :

« Les délégués des syndicats et associations dauphinoises, réu-
« nis aux Etats de Voiron, s'engagent à demander à tous les
« candidats aux prochaines élections générales, de consulter les
« associations professionnelles chaque fois que leurs intérêts seront
« en jeu. »

Cette résolution est votée à l'unanimité.

Avant de déclarer close la troisième session des Etats libres, M. le Président remercie les délégués et les nombreux auditeurs qui se sont joint à eux de l'attention soutenue qu'ils ont témoignée durant ces deux journées et il fait en ces termes ses adieux à l'assemblée.

« En quittant cette présidence où par deux fois vous m'avez appelé et que je ne saurais reprendre dans les assemblées plus solennelles de l'avenir, je tiens à vous remercier encore de tout mon cœur de m'avoir permis de rattacher un vieux nom Dauphinois à un Renouveau appelé à devenir historique.

« A la naissance de ce renouveau les Etats du Dauphiné ont reçu pour devise : « *Fata Galliæ restituta* » Vous me permettrez de vous laisser pour adieux la mienne : « Courage et Loyauté ! »

Des applaudissements unanimes saluent cette simple et vibrante harangue. Mais ce n'est pas un adieu qu'on dit à M. de La-Tour-du-Pin, c'est un prochain au revoir.

L'un des Secrétaires :

J. GAILLARD, avocat.

APPENDICE

Nous reproduisons ci-après diverses notes que le Secrétariat de la Commission de permanence avait fait distribuer pendant la préparation de l'assemblée de Voiron, et nous les faisons suivre du texte de la loi du 21 mars 1884 sur les syndicats professionnels. Il sera utilement consulté par tous ceux qui désirent fonder des syndicats.

Notes du Secrétariat de la Commission de permanence

I

But des Etats libres

— Quel est le but que se proposent d'atteindre les promoteurs des Etats du Dauphiné?

— Cette entreprise a-t-elle un caractère politique?

— Est-elle de nature à favoriser la République ou à lui nuire?

Telles sont les questions auxquelles nous entendons faire une réponse catégorique.

En dehors et au-dessus des problèmes politiques, il y a les problèmes sociaux, c'est-à-dire ceux qui touchent, non à la forme du Gouvernement du pays, mais à l'organisation de la société dans le pays.

— Quel doit être le régime du travail?

— Dans quelle mesure les citoyens ont-ils le droit de s'associer?

— Comment doivent être réglés les rapports entre patrons et ouvriers?

— Quelle protection méritent les droits de la conscience?

— Par quels moyens les grands intérêts nationaux, tels que l'industrie, le commerce, l'agriculture, peuvent-ils être représentés toutes les fois qu'ils sont en jeu?

— Quelles réformes sont désirables au point de vue de la liberté religieuse?

— Y a-t-il lieu d'encourager la formation des syndicats et autres groupements professionnels?

— Quelle doit être leur constitution pour qu'ils rendent des services sérieux sans devenir des instruments de discorde et de révolution?

— Quels principes doivent être posés en matière d'enseignement pour assurer le respect de la famille et la grandeur de la Patrie?

Voilà certes d'importants problèmes, dont la solution ne se rattache en rien à la forme du gouvernement.

Il est clair, par exemple, que le régime du travail et la représentation des intérêts dans un Etat bien organisé ne sont pas subordonnés à la forme du Gouvernement.

Que la France soit en République ou en Monarchie, ces problèmes doivent être résolus de la même manière dans l'intérêt du bien public.

C'est donc faire une œuvre supérieure et nécessaire que de travailler à découvrir leurs solutions, et on peut convier à y concourir, tous les citoyens, sans distinction d'opinion, qui veulent le bien de la Nation.

Il faut cependant reconnaître que le Gouvernement actuel de la France trouvera son avantage à cette entreprise, car on consolide toujours un Gouvernement quel qu'il soit en travaillant à la bonne organisation de la société et à la pacification du pays.

Mais si les partisans du régime républicain peuvent s'en féliciter, ses adversaires ne sauraient en être attristés, car l'avenir de la France passe avant tout, et les préoccupations politiques seront toujours primées, dans le cœur des bons Français, par le Patriotisme.

II

Formation des associations professionnelles.

A l'époque où nous vivons, tous les travailleurs éprouvent le besoin de se soutenir et veulent s'associer. Le plus souvent les associations ouvrières sont dues à l'initiative, ou placées sous la direction d'hommes qui s'en servent dans un intérêt politique ou personnel. Pourquoi dans notre société chrétienne, les hommes indépendants, ne travailleraient-ils pas à donner satisfaction à ce désir général des ouvriers, en favorisant la création d'Associations légales ? Ces associations pour répondre aux exigences actuelles des hommes d'industrie, doivent être autant que possible professionnelles. La loi du 21 Mars 1884 les autorise dans une très large mesure ; elles se fondent librement, sans le concours de l'Administration.

Voilà donc le but premier des promoteurs des Etats libres du Dauphiné : provoquer le plus grand nombre possible de groupements professionnels. Ces groupements, ces associations nommeraient chaque année des délégués, chargés de s'entendre, de discuter leurs intérêts professionnels et sociaux. La réunion de tous ces délégués dans une ville quelconque de la Province constituerait les Etats libres du Dauphiné.

On le voit, c'est un acheminement vers une décentralisation que tout le monde désire. La vie provinciale et communale deviendrait alors beaucoup plus ardente, et ainsi présentées par des délégations autorisées, nos demandes aux pouvoirs publics auraient beaucoup plus de poids, et attireraient forcément leur attention d'une façon plus sérieuse.

Aussi la commission de permanence pense-t-elle qu'il est de son devoir de faire naître des initiatives dans ce sens et de se mettre à la disposition des hommes de bonne volonté, pour leur fournir tous les renseignements qui leur seraient nécessaires. Ne l'oublions pas les Associations professionnelles sont en voie d'exercer une action aussi décisive sur le régime social que sur le régime économique. Cette action sera perturbatrice ou régénératrice des vrais principes de l'ordre social selon l'esprit dans lequel elle sera exercée.

III

Les Syndicats Professionnels et le Socialisme d'Etat.

Les hommes sérieux et clairvoyants, qui envisagent sans parti pris la situation actuelle, reconnaissent que nous marchons rapidement vers le socialisme d'Etat, lequel est, sans contredit, le plus dangereux et le plus tyrannique de tous.

Cette marche précipitée vers un abîme certain a pour causes :

1º La désorganisation sociale, engendrant un malaise profond, auquel ses victimes entendent qu'on porte immédiatement un remède quelconque ;

2º L'audace des ambitieux, désireux de tirer profit du trouble général des esprits, et ne craignant pas, pour se procurer une popularité de mauvais aloi, de prêcher des thèses subversives ;

3º La nécessité où se trouvent souvent des hommes modérés, pour conserver, avec la faveur populaire, leurs mandats électifs, de proposer des combinaisons fausses, mais susceptibles de séduire les masses ouvrières ;

4º Enfin l'absence de toute autorité intermédiaire entre l'individu et l'Etat, de telle sorte que chaque victime d'une injustice quelconque ne peut recourir qu'à l'Etat, dont la toute-puissance s'accroîtra jusqu'à ce qu'il soit devenu le véritable Etat-Providence, sans lequel rien ne peut être fait et dans lequel sont résumées toutes les fonctions sociales.

L'unique remède à ce mal est précisément la reconstruction des corps de métiers, des associations professionnelles, qui, ayant pour mission de protéger les individus, serviront de contre-poids naturels à l'Etat, dont l'omnipotence illimitée constitue un retour vers le paganisme.

Légiférer sur tout, même sur les matières les plus spéciales, sans jamais consulter les intéressés et les hommes compétents, est un des désordres les plus certains de notre organisation actuelle. La consultation des groupes professionnels, et mieux encore la représentation professionnelle, assurant la prédominance des hommes compétents dans les délibérations législatives, est le moyen évident de mettre fin à ce désordre.

A tous les points de vue donc la formation des groupes professionnels apparaît aujourd'hui comme une urgente nécessité sociale.

LOI DU 21 MARS 1884

Sur les Syndicats Professionnels

Art. 1er. — Sont abrogés la loi des 14-17 juin 1791 et l'article 416 du code pénal.

Les articles 291, 292, 293, 294, du code pénal et la loi du 10 avril 1834 ne sont pas applicables aux syndicats professionnels.

Art. 2. — Les syndicats ou associations professionnelles, même de plus de vingt personnes exerçant la même profession, des métiers similaires ou des professions connexes concourant à l'établissement de produits déterminés, pourront se constituer librement sans l'autorisation du Gouvernement.

Art. 3. — Les syndicats professionnels ont exclusivement pour objet l'étude et la défense des intérêts économiques, industriels, commerciaux et agricoles.

Art. 4. — Les fondateurs de tout syndicat professionnel devront déposer les statuts et les noms de ceux qui, à un titre quelconque, seront chargés de l'administration ou de la direction.

Ce dépôt aura lieu à la mairie de la localité où le syndicat est établi, et à Paris, à la Préfecture de la Seine.

Ce dépôt sera renouvelé à chaque changement de la direction ou des statuts.

Communication des statuts devra être donnée par le maire ou par le préfet de la Seine au procureur de la République.

Les membres de tout syndicat professionnel chargés de l'administration ou de la direction de ce syndicat devront être Français et jouir de leurs droits civils.

Art. 5. — Les syndicats professionnels, régulièrement constitués, d'après les prescriptions de la présente loi, pourront librement se concerter pour l'étude et la défense de leurs intérêts économiques, industriels, commerciaux et agricoles.

Ces unions devront faire connaître, conformément au deuxième paragraphe de l'article 4, les noms des syndicats qui les composent.

Elles ne pourront posséder aucun immeuble ni ester en justice.

Art. 6. — Les syndicats professionnels de patrons ou d'ouvriers auront le droit d'ester en justice.

Ils pourront employer les sommes provenant des cotisations.

Toutefois, ils ne pourront acquérir d'autres immeubles que ceux qui seront nécessaires à leurs réunions, à leurs bibliothèques et à des cours d'instruction professionnelle.

Ils pourront librement créer et administrer des offices de renseignements pour les offres et les demandes de travail.

Ils pourront être consultés sur tous les différends et toutes les questions se rattachant à leur spécialité.

Dans les affaires contentieuses, les avis du syndicat seront tenus à la disposition des parties, qui pourront en prendre communication et copie.

Art. 7. — Tout membre d'un syndicat professionnel peut se retirer à tout instant de l'association, nonobstant toute clause contraire, mais sans préjudice du droit pour le syndicat de réclamer la cotisation de l'année courante.

Toute personne qui se retire d'un syndicat conserve le droit d'être membre des sociétés de secours mutuels, et de pensions de retraite pour la vieillesse à l'actif desquelles elle a contribué par des cotisations ou versements de fonds.

Art. 8. — Lorsque les biens auront été acquis contrairement aux dispositions de l'art. 6, la nullité de l'acquisition ou de la libéralité pourra être demandée par le Procureur de la République ou par les intéressés. Dans le cas d'acquisition à titre onéreux, les immeubles seront vendus, et le prix en sera déposé à la caisse de l'association. Dans le cas de libéralité, les biens feront retour aux déposants ou à leurs héritiers ou ayants cause.

Art. 9. — Les infractions aux dispositions des articles 2, 3, 4, 5 et 6 de la présente loi seront poursuivies contre les directeurs ou administrateurs des syndicats et punies d'une amende de 16 à 200 francs Les tribunaux pourront, en outre, à la diligence du Procureur de la République, prononcer la dissolution du syndicat et la nullité des acquisitions d'immeubles faites en violation des dispositions de l'article 6.

Au cas de fausse déclaration relative aux statuts et aux noms et qualités des administrateurs ou directeurs, l'amende pourra être portée à 500 francs.

Art. 10. — La présente loi est applicable à l'Algérie.

Elle est également applicable aux colonies de la Martinique, de la Guadeloupe et de la Réunion. Toutefois, les travailleurs étrangers et engagés sous le nom d'immigrants ne pourront faire partie des syndicats.

On trouvera un commentaire intéressant et très complet de cette loi dans le *Manuel des syndicats agricoles* de M. Boullaire, libr. Marescq, Paris.

TABLE DES MATIÈRES